JULES JANIN

LA DAME
À
L'ŒILLET ROUGE

Roman Nouveau

PORTRAIT DE JULES JANIN

PARIS
LIBRAIRIE & ESTAMPES
182, BOULEVARD HAUSSMANN, 182

LA DAME

L'OEILLET ROUGE

Imprimé par Alcan-Lévy

Le 15 Juillet 1874

Papier Whatman pour la Bibliothèque de Jules Janin,
un exemplaire unique.
— teinté..................... 300 exemplaires.
— de Hollande............ 25 —
— de Chine............... 10 —

AU PROFIT
DES PAUVRES DE JULES JANIN

LA DAME
A
L'OEILLET ROUGE

Roman Nouveau

PAR JULES JANIN

PARIS

LIBRAIRIE A ESTAMPES
182, BOULEVARD HAUSSMANN, 182

JULES JANIN *écrivait ce petit roman,* LA DAME A L'ŒILLET ROUGE, *en ses dernières heures de travail, ou plutôt en ses dernières heures de distraction. C'est un petit chef-d'œuvre que nous donnons ici avec tout le luxe qu'il aimait à voir dans les livres.*

Après le roman, nous avons réimprimé les pages émues de M. Arsène Houssaye sur celui qu'il appelle « le miracle du lundi et le rayonnement de tous les jours. »

A la première page, nous avons voulu représenter le Janin de la jeunesse, par ce portrait déjà ancien, qui est le plus vrai de tous les Janin.

L'ÉDITEUR.

LA DAME
A
L'ŒILLET ROUGE

I

l y avait déjà six mois que M. de Frémiet, second avocat général, était assis sur le banc des enquêtes, parmi messieurs les gens du roi," attendant quelque belle occasion de montrer qu'il était éloquent, juste et courageux, lorsqu'un matin on vint lui

dire qu'une jeune fille, une inconnue, sollicitait son audience.

Le secrétaire du jeune magistrat lui dit que la dame était fort belle et qu'elle voulait expliquer elle-même sa cause à l'avocat général.

— Vous dites qu'elle est belle?

— Belle comme le jour! Un miracle de grâce et de distinction...

— Je ne veux pas la voir.

— Des yeux bleus couleur du temps...

— Fermez la porte!

— Et un sourire divin.

— Dites-lui qu'une audience est impossible! Il n'est pas bon que le juge et la plaideuse, surtout lorsqu'elle est jeune, soient en présence; il me suffira d'avoir sous les yeux les pièces du procès, que j'étudierai avec la plus grande sollicitude.

Vous voyez que le jeune homme était à l'école austère de Daguesseau. Dieu soit loué! mais ces belles ardeurs ne durent guère; le magistrat s'humanise, et, si la plaideuse est belle, en effet, les portes les plus difficiles s'ouvrent à son commandement.

Eh bien, non, la dame revint peu de jours après, avec sa suivante qui portait péniblement, dans un sac de procureur, les pièces d'un gros procès qui durait depuis plus de trente années, ayant été commencé quelques dix ans avant sa naissance. Elle avait écrit, d'une main très nette et dans une langue irréprochable, l'excellence de sa cause, et comment, de la perte ou du gain de son procès, dépendait toute sa fortune.

Elle était orpheline, et n'avait pour dot que ce domaine en litige, au beau milieu de la Normandie, où les terres sont si belles et les procès si longs.

A cette seconde démarche, la jeune déshéritée ne fut pas plus heureuse qu'à la première. Le secrétaire eut beau la représenter plus belle encore, l'avocat général fut stoïque dans son devoir.

Pressentait-il qu'il perdrait, en la voyant, toute la force et toute la vertu de sa conscience ?

La dame se résigna. Elle prit dans son sein un billet où elle exprimait son regret de ne pouvoir être entendue : car elle avait prévu que la porte ne s'ouvrirait pas. Elle donna le billet avec les pièces du procès, après quoi elle s'en alla pour ne plus revenir.

C'était un vendredi, un treize, un jour d'hiver. M. de Frémiet décacheta la lettre.

Une suave odeur de jeunesse et de résignation s'en échappait, ce qui donna fort à réfléchir à M. de Frémiet.

Comme il ne voulait pas commencer cette grande entreprise un vendredi et le treizième jour du mois, il attendit un moment favorable.

Le lendemain, il ouvrit le sac où toutes les pièces étaient contenues. C'était un vrai monceau de documents, qui aurait fait reculer le praticien le plus intrépide.

« Ah! mon Dieu, se disait le jeune magistrat, comment faire et me reconnaître en ces abîmes ? »

Cependant il ne perdit pas courage, et, quand il eut mis tout en bel ordre : assignations, citations, jugements, sentences, témoignages, oppositions, appels, confrontations des parties et tout le détail de cette procédure à l'infini, un certain jour apparut dans ces parchemins, dont l'encre avait déjà perdu sa couleur primitive : ô les malheureux plaideurs, sitôt qu'ils sont tombés dans ces embûches signalées par tous les grands magistrats de la France !

Ainsi songeait M. de Frémiet ; mais c'était un esprit tenace, une volonté singulière ; ajoutez qu'il était tout rempli de la passion des lois romaines, et qu'il savait par cœur la Coutume de Normandie, étant lui-même un peu Normand par madame sa mère, qui était la petite-fille d'un président au parlement de Rouen, où le jeune Corneille avait fait ses premières armes, quand il était amoureux de la belle Mélite. En ces grandes et sévères difficultés de la justice, le premier point est de s'y plaire, et le premier bonheur est de comprendre. Il ne fallut pas plus de six mois au jeune magistrat pour deviner le point de droit, et, plus il se sentait avancer dans l'inconnu, plus il s'attachait à la tâche acceptée.

Il est vrai qu'il trouvait assez souvent sur sa table de travail le nom de la jeune plaideuse, Adèle de Villetardieu. Elle était impatiente, évidemment, d'arriver au maître jour où toute justice lui serait rendue, et c'est pourquoi elle ajoutait à son nom, tantôt la recommandation de quelque famille honorable, il est vrai, mais sans crédit, et tantôt une humble prière où se montraient l'espérance et l'estime méritées par un si jeune magistrat.

A la fin, notre avocat général fut le maître absolu de cette procédure si compliquée. Il la possédait tout entière; il voyait les embûches, les obstacles, les mensonges, les tours et les détours de ce déni légal de toute espèce de justice.

Et, quand M. le premier président du parlement de Paris déclara que tel jour il entendrait les deux parties, le jeune rapporteur se trouva prêt.

Nous avons dit qu'il s'agissait d'un grand procès. Autant mademoiselle de Villetardieu était abandonnée à ses propres forces, autant ses plus proches parents, qui la voulaient dépouiller de toute sa fortune, étaient nombreux et protégés par des influences considérables. C'était l'usage alors que les parties vinssent attendre au palais de Justice les magistrats dont leurs destinées dépendaient, et leur fissent un grand salut lorsque ces messieurs montaient sur leurs siéges. Du côté de mademoiselle de Villetardieu, il n'y avait personne. Il y avait une vingtaine d'hommes et de femmes du côté de la partie adverse : un duc et pair, un abbé commanditaire, une abbesse de l'ordre de Cîteaux, et plusieurs cordons-bleus qui faisaient cortége à cette injuste cause et mêlaient leurs respects aux sollicitations dont elle était entourée. Alors commencèrent les plaidoiries de part et d'autre.

Mademoiselle de Villetardieu avait eu grand'peine à rencontrer dans les détours du Palais un avocat très connu, mais très honnête homme, qui devait répondre à l'attaque intrépide, à la parole toute-puissante du plus illustre avocat de son temps, maître Nicolas Gerbier.

Les plaidoiries n'employèrent pas moins de huit jours, et ce fut des deux côtés un effort incroyable à qui soulèverait une plus grande poussière, chacun de ces deux maîtres de la parole amoncelant nuages sur nuages.

Plus les plaidoiries agrandissaient la cause hors de toute proportion, plus la Cour semblait hésitante; tout le Palais était divisé, mais les habiles et les retors les plus habitués aux grandes plaidoiries semblaient à chaque instant déserter la cause de mademoiselle de Villetardieu. Et les mieux disposés la plaignaient déjà de n'avoir pas accepté les arrangements que messieurs ses oncles et ses cousins lui avaient proposés.

— C'est fâcheux, disaient les uns, une si jeune personne abandonnée à ses propres forces !

— Rassurez-vous, disaient les autres; on lui laissera toujours une dot suffisante à entrer dans le couvent des Dames de Saint-Augustin !

A la fin, les deux causes étant épuisées, le président donna la parole à M. le rapporteur; la voix du vieux magistrat était plus solennelle que de coutume, et ceux qui le connaissaient pour l'autorité de sa justice et la sûreté de son coup d'œil comprenaient qu'il aurait grand' peine à prononcer cette inévitable condamnation.

Ce fut alors que le jeune rapporteur, s'emparant de la cause entière, et ne s'inquiétant guère des plaidoiries pour et contre, éclaira ce chaos d'une lumière inespérée. Il expliqua les ténèbres ; il dévoila les perfidies ; il invoqua les morts dans leur tombeau ; il démontra les vrais motifs de cette injuste spoliation : « Que mademoiselle de Villetardieu ait rencontré dans sa propre maison si peu de sympathie, et que l'on voie au rang de ses adversaires les parents mêmes de sa mère et les sœurs de son père, un chevalier de Saint-Louis tué à Denain, sous les yeux du maréchal de Villars, voilà tout d'abord, Messieurs, ce qui nous étonne. Mais la Justice marche avec la Vérité. » Il arriva, en moins d'une heure, par une suite de filiation, à faire la lumière sur ce bien seigneurial. Le malheur était assez grand d'avoir perdu le seigneur sans déposséder l'héritière. Enfin il battait en brèche toutes les fictions du droit féodal, qu'il appelait sans peur « le dernier de tous les droits. » Pensez donc à l'étonnement, j'ai presque dit à l'épouvante, de cet auditoire émerveillé ! Rarement les vrais principes avaient apparu dans un éclat plus logique. Il semblait que l'auditoire acceptât toutes les éloquences de l'avocat général.

Que vous dirai-je? Séance tenante, nos seigneurs du Parlement déboutaient et déboutèrent de leurs prétentions ces parents avides et sans pitié ; si bien que, la Cour de Paris brisant les motifs des premiers juges, mademoiselle de Villetardieu fut maintenue en possession de ses domaines paternels.

Gerbier ne sut que répondre et s'inclina devant cet arrêt en robe rouge.

Pendant tout un mois, la ville et la Cour, le Parlement des provinces et quiconque, ou de près, ou de loin, tenait à l'administration de la Justice, s'entretinrent de cet arrêt mémorable. On disait dans ce temps-là : *Rigueur de Toulouse, humanité de Rouen, justice de Paris.*

II

EPENDANT la belle plaideuse n'était pas venue pour remercier M. de Frémiet. Il l'attendait bien un peu ; mais il comprit que sa porte n'était pas engageante : « Frappez et on ne vous ouvrira pas. »

Cette fois il eût ouvert.

— Elle ne me doit rien, se disait-il ; pourquoi se hasarderait-elle à me remercier ?

Il n'y pensait plus, quand il reçut une lettre

qui ne contenait que ces deux lignes détachées de La Bruyère :

« *On bâtit l'amitié sur la reconnaissance, jamais l'amour.* »

— Voilà qui est profond ! dit-il. En effet, l'amour n'aime pas la raison. Qui donc m'envoie cette énigme ?

Il pensa à mademoiselle de Villetardieu. Mais il apprit alors qu'elle était dans sa belle terre perdue et retrouvée.

Comme, en fin de compte, M. de Frémiet avait trente ans à peine, il prit la sage résolution de se donner un peu de bon temps.

Pendant toute une saison, il n'avait songé qu'au procès de mademoiselle de Villetardieu ; il y songeait la nuit, il y travaillait le jour. A peine si parfois il acceptait à dîner chez ses meilleurs amis, même chez son oncle Hardy, l'un des échevins de la ville de Paris. Que disons-nous? Les plus belles dames l'avaient provoqué de leurs sourires, il n'acceptait aucune de ces belles avances : son procès, toujours son procès.

Pourtant il avait rencontré plus d'une fois son adversaire, maître Gerbier, très oublieux des choses du barreau, qui donnait le bras à une comédienne, sa maîtresse, aussi belle et plus complaisante que dame Justice. Pour lui rien n'avait pu le distraire; il avait résisté même au mauvais exemple et à ses dangereuses conclusions. Mais, à présent qu'il était libre, et sa cause étant gagnée, il s'en fut avec deux ou trois conseillers lays et deux ou trois conseillers d'épée, de ses amis, dîner à la *Cornemuse*, un cabaret célèbre, où le bonhomme Dancourt allait souper toutes les fois que sa pièce nouvelle était sifflée. Or, l'usage à la *Cornemuse*, c'était d'y passer incognito ; pas de nom propre et pas de profession distincte. Ici, le magistrat, le capitaine, le poëte et le comédien, chacun pour son argent était le maître, et nul n'avait le droit de s'enquérir du *pourquoi* ? et du *comment?*

Messieurs les gens du roi célébrèrent, le verre en main, le succès de leur confrère, et les plus timides portèrent la santé de mademoiselle de Villetardieu avec un glorieux vin de Bourgogne, qui avait appartenu au père de Bossuet, le Bourguignon.

Le repas se prolongea jusqu'à minuit. Donc il était temps de rentrer, et messieurs les conseillers s'en furent, chacun de son côté, où l'appelait qui la passion, qui le devoir.

Cependant M. de Frémiet, resté dans la rue, et voyant des hommes et des femmes qui s'en allaient du même côté, se souvint fort à propos que le bal de l'Opéra était ouvert :

— J'y veux aller, dit-il ; et le matin venu, j'aurai retrouvé mon sang-froid.

A ces causes, le voilà dans cette éclatante cohue où s'agitaient tant d'aventures incroyables. On eût dit que la jeunesse et le vice et tous les bonheurs de l'intrigue s'étaient donné rendez-vous dans ce lieu de perdition.

Il ne faut pas oublier que, pour la première fois depuis tant de siècles, dans ce bal de l'Opéra nouvellement créé par un gentilhomme ruiné qui s'y faisait dix mille livres de rentes, la plus parfaite égalité régnait parmi les invités. Le premier venu tutoyait la duchesse ou l'altesse royale ; un bourgeois était l'égal d'un fils de France, et M. le régent lui-même, pour être mieux déguisé, recevait des coups de pied authentiques et officiels de M. le cardinal Dubois.

Notre avocat général avait longtemps résisté à l'entraînement universel; mais le soir dont nous parlons, il ne savait rien d'impossible ; seulement il oublia qu'il avait le droit du masque, et, comme il était perdu dans cette foule, à visage découvert, pas un ne remarquant sa présence, il fut abordé par une grande et frêle personne, en domino noir et masquée.

Elle tenait à la main un bel œillet rouge qu'elle

offrit au jeune homme. Celui-ci lui prenant le bras, ils se promenèrent longtemps dans le foyer de l'Opéra. C'était un lieu tout flamboyant, plein de lumières et de déclarations d'amour. Là, quiconque était jeune et bienséante était sûre de rencontrer un galant à sa fantaisie. Un jeu muet dit souvent tant de choses ! Il y a tant d'éloquence à se parler à voix basse ! A vingt et à trente ans, jeunesse et passion se comprennent si facilement.

M. de Frémiet fut ébloui du charme et de l'esprit de son inconnue; il la supplia vainement de lui montrer son beau visage. Il fallut se contenter de ces yeux pleins de feu, de ces dents blanches, de ces belles mains parfois dégantées. Grande était la tentation; mais le respect l'emportait sur tout le reste. Et quand il fallut se quitter, le jeune homme, à regret, sans doute, remit la belle inconnue aux mains de la douairière qui l'attendait.

Il revint, très amoureux, en toute hâte en son

logis, et Dieu sait qu'il eut grand'peine à s'endormir ! Tant de bruit, tant de clartés, de si beaux silences dans ce bruit d'enfer, et ce tumulte heureux de la danse et de la chanson !

Désormais, il appartint à la maîtresse absolue de sa pensée ; sans cesse il avait sous les yeux cet œillet rouge, sitôt fané, que lui avait offert cette belle main digne de Versailles.

Quatre longues semaines suffirent à peine à ces contentements. Elle et lui se retrouvaient dans ce bal de l'Opéra, à la même heure ; ils se reconnaissaient au même signal ; toujours le même œillet rouge, toujours les mêmes tendresses, avec des serments d'un amour éternel.

— Mais, disait-il, quand vous verrai-je ?

— Espérez, répondait-elle ; vous saurez bientôt mes volontés.

Et d'un œil plus vif et plus curieux :

— Avez-vous jamais aimé, mon beau damoiseau du Palais ?

— Jamais ! A peine, à douze ans, ma petite

cousine, pour manger à deux la même tartine de confitures. Mais je dois vous avouer qu'il n'y a pas longtemps j'ai perdu une belle occasion.

— Contez-moi cela.

— J'ai sauvé la fortune d'une jeune fille « belle comme le jour, » m'a dit mon secrétaire, et, le croiriez-vous ? je n'ai pas voulu la voir !

— Je vous ferai canoniser. Vous avez eu tort, vous l'auriez aimée.

— Oui, mais elle ne m'aurait pas aimé. La chambre des requêtes n'est pas le chemin de l'amour. Et puis, La Bruyère l'a dit : « Où il y a de la reconnaissance, il n'y a que de l'amitié. »

— C'est vrai. Et puis le moyen d'aimer une plaideuse, fût-elle « belle comme le jour ! » Je sais un peu toute cette histoire : votre demoiselle de la Villetardieu n'est qu'une provinciale.

— Oh ! Madame, la beauté n'a pas de pays, ou plutôt elle est toujours Parisienne. Est-ce que vous êtes née à Paris ?

— Oui, à deux pas du Palais : je vous vois passer souvent.

— Et vous ne plaidez jamais ?

— Si ; j'ai une cause à plaider bien plus belle que celle de votre demoiselle de Villetardieu. Me la ferez-vous gagner ?

— Oui, ou j'y perdrai mon latin de Palais.

Et on se donna rendez-vous pour le dernier bal masqué.

Mais, à ce dernier bal, la dame à l'œillet rouge ne revint pas.

M. de Frémiet la chercha, désespéré, dans cette foule abandonnée à toutes les ivresses.

— Mon Dieu ! mon Dieu ! la voilà perdue ! Un autre l'aura trouvée, ma chère inconnue.

Il la pleurait, sans cacher ses larmes. On lui eût apporté la plus belle cause à soutenir, il n'eût rien écouté ; l'âme était partie, et le corps ne vivait plus. Vainement, il la chercha aux alentours du Palais. Il la chercha partout et ne la trouva nulle part.

Son oncle Hardy et sa tante, attendant paisiblement que le roi leur donnât la noblesse, avaient grand' pitié des malheurs de leur beau neveu.

— Mon enfant, disait la tante, une bonne femme s'il en fut, où diable as-tu rencontré ces sottes amours ? Comment donc, tu te meurs pour une femme que tu n'as jamais vue et qui se dérobe au moment où tu vas lui offrir une main déjà très recherchée ? On ne fuit pas de ces choses-là. A qui donc en as-tu, je te prie? Après tout, s'il te faut absolument quelque belle personne amoureuse de toi, nous avons vu par hasard mademoiselle de Villetardieu ; elle nous a raconté sa reconnaissance et les rigueurs de son avocat général, mais elle est prête à te pardonner. Fais ta demande, et tu seras récompensé même au delà de tes mérites.

— Non, disait-il, je ne l'ai pas vue et je ne veux pas la voir ; toute mon ambition appartient à l'esprit qui m'a tant charmé. J'en mourrai, c'est vrai, mais je mourrai fidèle à tant de grâce.

III

IL disait ces choses-là sérieusement. Il est vrai que Paris, en ce temps-là, lisait et relisait comme parole d'Évangile les poésies des poëtes de l'amour. On adorait Gentil-Bernard; on savait par cœur les élégies du cardinal de Bernis. Lui-même, le président de Montesquieu, ce génie et ce grand homme, avait fait *le Temple de Gnide*; selon le mot du temps, « on sacrifiait à l'Amour et aux Grâces. » Aujourd'hui nous rions de leurs larmes, mais c'étaient des larmes.

C'est pourquoi, sans doute, il advint que la fièvre qui consumait M. de Frémiet eut bientôt toutes les apparences d'un mal incurable. Il ne voulait rien entendre; il était éperdu dans sa passion.

Son oncle Hardy, très inquiet de son beau neveu, employa une longue négociation pour lui faire accepter, dans son petit château du Fronlay, un appartement au rez-de-chaussée, en plein nord, presque une cellule.

Le soleil était absent; la verdure était épaisse. A peine on entendait dans le lointain, au murmure des peupliers d'Italie, le bruit matinal de la basse-cour. Point de livres, point de tableaux, pas même un théorbe, comme on voit dans la conversation espagnole du *Mariage de Figaro*.

La rivière était proche, et son flot silencieux mordait amoureusement ces belles prairies. Le paysage, tout mélancolique, était en harmonie à ses rêves : il finit par y trouver un vrai charme.

Il errait sur ce rivage en rêvant à ses aventures passées. S'il entendait par hasard une voix sonore, une agreste chanson, il tressaillait comme un enfant qu'on réveille en sursaut.

Un jour de juin, un jour de soleil, comme il suivait la longue avenue où les saules, les pieds plongés dans ces eaux froides et la tête obéissante à tous les vents, lui prêtaient leur ombrage mobile, il aperçut au loin, assise sur un tertre, sous un orme centenaire, une jeune fille et sa suivante qui lisaient des pages amoureuses. La suivante, penchée vers la dame, avait élevé la voix, un beau timbre d'or. Et la dame écoutait, les yeux pleins de larmes, les beaux vers que voici :

Petites fleurs qui croissez sur la rive,
Le vent jaloux passe pour vous cueillir ;
J'appelle en vain, mon amoureux n'arrive...
Loin de l'amour me faudra-t-il vieillir ?

Lys qui penchez sur les roses vermeilles,
Roseaux chanteurs, oiseaux et papillons,
Bois agités, diligentes abeilles,
Ramiers plaintifs tapis dans les sillons ;

Doux arc-en-ciel égaré dans l'espace,
Nuage bleu par le vent emporté,
Priez le ciel que mon amoureux passe :
A lui mon cœur, mon âme et ma beauté.

Je ne suis pas coquette ni farouche ;
Vit-on jamais mon sourire moqueur ?
Et n'ai-je pas, tout brûlant sur ma bouche,
Un doux baiser qu'emprisonne mon cœur ?

Notez bien que la jeune fille aux cheveux blonds avait paré son corsage d'un bel œillet rouge fraîchement arrosé des larmes du matin.

M. de Frémiet, à l'aspect de la jeune fille, tressaillit et devint tout pâle. Il ne la voyait pas, mais il lui sembla qu'il l'avait déjà vue et qu'il avait baisé plus d'une fois cette main charmante qu'elle agitait.

Qui donc avait placé cette belle fleur à ce beau corsage? Tout l'aspect était d'une reine, si la parure était d'une rustique.

En vain il eût voulu se contenir; l'amour fut plus fort que le respect.

De son côté, l'inconnue, à l'aspect de ce jeune homme, étonnée et surprise, prit la fuite avec sa compagne, avec de petits cris pleins de terreur.

— Madame! ah! Madame, où fuyez-vous? s'écriait M. de Frémiet.

Il tendait ses deux mains à cette ombre; mais il criait, il pleurait dans le désert. Les deux femmes avaient disparu sous les saules, la dame jetant son bouquet, la suivante repliant ses vers, et notre amoureux se contenta de la fleur que portait la belle promeneuse à son corsage.

— Que je suis malheureux! disait-il; je ne l'ai pas vue. En voilà trois qui disparaissent, légères comme l'oiseau. C'en est fait, j'y renonce; et maintenant, vienne la mort, elle sera la bienvenue, puisque toute femme me fuit.

— O malheureux enfant! disait sa tante, quelle fièvre as-tu prise?

Et la bonne tante ajouta :

— Oh! ces amoureux en simarre! ils ne savent pas le premier mot de l'amour.

L'oncle Hardy levait les mains au ciel, disant qu'il n'aurait jamais cru que le fils de sa sœur s'abandonnât à pareil désespoir.

M. de Frémiet interrogeait son oncle et sa tante.

— Quelles sont vos voisines de campagne?

— Nous ne les connaissons pas.

— Celle que j'ai entrevue aujourd'hui est bien jolie.

— Veux-tu que j'aille lui demander sa main?

— Non ; tu sais bien que je suis tout affolé de mon inconnue du bal de l'Opéra.

— Tu deviendras fou.

— D'autant plus fou que je crois, Dieu me pardonne, que j'aime aussi mademoiselle de Villetardieu.

La tante riait :

— Et puis l'inconnue qui erre par ces campagnes ? En vérité, monsieur mon neveu, vous êtes amoureux des onze mille vierges. Ces hommes du Palais, quand ils ont la clef des champs, ils battent joliment la campagne.

— Que voulez-vous ! je ne suis plus maître de ma raison depuis que je ne suis plus maître de mon cœur.

— Enfin, ton cœur ne te dit donc rien ?

— Il me parle hébreu.

L'oncle prit une prise de tabac d'Espagne et secoua sa jabotière :

— Il faudra pourtant découvrir la dame à l'œillet rouge.

— Ou l'oublier, dit la tante.

IV

E lendemain, nouveau spectacle.
C'était le plus rustique et le plus charmant tableau. Deux jeunes et belles châtelaines étaient assises, sous un parasol, dans la prairie, devant un panier de cerises comme des paysannes. Et quelles cerises !

Et encore un rustre leur offrait à chacune une branche de cerisier tout en fruit. La plus jeune était la plus belle. La voir, c'était l'aimer.

M. de Frémiet reconnut la jeune fille de la veille qui écoutait si bien la chanson amoureuse.

Quand il l'aperçut, elle portait une cerise à ses lèvres qui étaient aussi des cerises. Il eût voulu les dévorer.

— Ah! s'écria-t-il, si mademoiselle de Villetardieu ou plutôt si la dame à l'œillet rouge était belle comme cela!

Quelques jours après, M. de Frémiet ne fut pas peu surpris de voir venir au château la belle dame qui avait cueilli des marguerites et mangé des cerises dans les prairies voisines.

Elle venait, sans façon, dîner avec le châtelain de Fronlay, elle, la châtelaine d'Igneville.

On dîna gaiement. M. de Frémiet avoua que les provinciales avaient tout l'esprit et toute la grâce des Parisiennes.

— Quel malheur! murmurait-il, que je n'aie

pas rencontré cette belle créature avant de me passionner pour la dame à l'œillet rouge et avant de m'inquiéter de mademoiselle de la Villetardieu !

Le lendemain matin, le messager, qui apportait les lettres de Paris deux fois par semaine, remit deux plis cachetés à M. de Frémiet. Ce ne fut pas sans surprise et sans émotion qu'il ouvrit le premier. C'était une petite écriture, de vraies pattes de chat ; il lut ces lignes griffonnées :

« *Monsieur mon amoureux,*

« *Vous savez que je m'ennuie fort de ne pas vous voir. — J'attends avec impatience le prochain bal de l'Opéra; mais ce n'est pas demain. Pourquoi êtes-vous charmant quand vous avez dépouillé la robe du magistrat ? Je vous croyais voué au sévère, mais vous avez d'adorables quarts d'heure. On me dit que vous êtes loin de Paris, dans un paradis hanté par de belles pro-*

vinciales ; n'allez pas m'oublier, même si elles ont des œillets rouges.

« LA DAME A L'ŒILLET ROUGE. »

Voici la seconde lettre :

« *Que je suis désolée, Monsieur, d'avoir gagné mon procès grâce à vous! Car, enfin, si je l'avais perdu, vous ne m'eussiez pas fermé votre porte sans me voir comme vous avez fait. Il aurait bien fallu me consoler ; et je vous jure sur mon âme et sur Dieu qu'il m'eût été bien plus doux d'être consolée par vous que de tenir de vous ma fortune. Que voulez-vous que je fasse de ma fortune sans vous?*

« *Adieu, puisque je ne puis dire à revoir ; soyez heureux même dans mon malheur.*

« ADÈLE DE LA VILLETARDIEU. »

A chacune des deux lettres, M. de Frémiet sentit des larmes dans ses yeux. « Suis-je assez malheureux! s'écria-t-il, il semble que je ne suis né que pour être maudit par l'amour. »

Il répondit aux deux billets, mais à quoi bon, puisqu'il ne savait où les envoyer!

Le soir venu, comme M. de Frémiet était dans le jardin, prêtant une oreille indifférente aux mille bruits de la campagne sans avoir reconnu l'arrivée d'un carrosse, il sentit deux petites mains qui se posaient sur ses yeux pleins de larmes.

Une belle voix lui dit :

— Devine ?

— A moins que tu ne sois mademoiselle de Villetardieu, ou la belle mangeuse de cerises de ce matin, ou la dame à l'œillet rouge du bal masqué, je serai le plus malheureux de tous les hommes.

— Aveugle comme l'amour ou comme un maître des requêtes, dit la belle châtelaine d'Igneville, en lui tendant la main.

Et avec le plus charmant sourire :

Nous avons été trois ; je ne suis plus qu'une seule, mais je vous aime pour trois !

M. de Frémiet baisa amoureusement la main de la charmeuse.

— Et moi, je vous aime comme quatre !

V

 LA fin de l'automne, mademoiselle de Villetardieu épousait M. de Frémiet.

— Enfin, disait la dame à l'œillet rouge, c'est le dénouement de ma comédie et Dieu me le pardonnera.

Il y eut de grands étonnements mêlés à de grandes réjouissances à propos de ce mariage. M. le premier président fut le témoin du jeune homme. L'oncle Hardy, qui jouait trop volontiers sur son nom propre, conduisit *hardiment* mademoiselle de Villetardieu à l'autel.

C'est ce jour-là qu'elle était belle comme le jour, car elle rayonnait dans l'amour et dans la joie.

— Est-il heureux, disaient messieurs des enquêtes, d'avoir une si belle femme !

— Et que Dieu nous en accorde une pareille ! disaient messieurs des requêtes.

Ainsi soit-il !

JULES JANIN

JULES JANIN

I

usqu'au jour où on a vu dans les journaux du lundi éclater d'une pure lumière les noms de Jules Janin, de Sainte-Beuve et de Théophile Gautier, on sentait le rayonnement sympathique de 1830. Même à travers les orages politiques, l'arc-en-ciel illuminait les nuées. Ces trois rares esprits ont disparu presque du même coup. La nuit ne s'est pas faite dans les lettres, mais pourtant tous ceux qui ne se méprennent pas sur l'écrivain qui a le don, ont senti je ne sais quoi de nocturne autour d'eux.

Qui donc donnera désormais l'idée de ce rayon matinal, de cet esprit à l'aventure, de cette jeunesse épanouie qui s'appelait Jules Janin? On a parlé de ses années de collége et de ses années de misère. N'en croyez pas un mot; il a traversé le jardin des roses de Saadi; il a étudié l'Anthologie avec Horace pour maître d'école; il a picoré sur tous les chefs-d'œuvre de l'antiquité, ivre et bourdonnant, abeille d'or tour à tour gourmande et savoureuse. Je ne sais pas s'il a jamais mis le pied sur la terre ferme, tant il a vécu de la vie idéale, des prismes du rêve, dans le cénacle des anciens, avec sa fenêtre ouverte, comme par échappées, sur le monde de son temps. Et pourtant, quoiqu'il confondît tous les siècles, comme si le siècle de l'esprit n'en faisait qu'un, il peignait, avec autant de justesse que d'éclat, le tableau de la vie moderne; il était plus vrai dans sa fantaisie que tous les réalistes patentés qui s'imaginent être vrais, parce qu'ils n'ont pas le rayon. Étudiez de près l'*Ane mort* et le *Chemin de traverse*, étudiez ses cent et un contes, ses mille et un feuilletons, vous reconnaîtrez que toute l'histoire intime du dix-neuvième siècle est là, vivante par fragments, comme vous trouvez dans l'atelier d'un peintre de génie la créature humaine, de face, de profil, de trois quarts. On entre dans l'œuvre de Jules Janin comme dans un atelier: ici un fusain, là une gouache, plus loin une ébauche, çà et là de vivantes peintures qui ont l'âme, qui ont le regard, qui ont la parole. Et que de trouvailles inattendues ! C'est un pastel effacé, mai souriant encore; c'est une eau-forte lumineuse; c'est une académie qui crie la vérité. On a déjà trop oublié l'œuvre de Jules Janin; quand on va remuer cette montagne de sable, on s'étonnera d'y trouver tant d'or pur !

La sottise de la plupart des critiques, ceux-là qui ne laisseront pas de placers après eux, c'est de n'être jamais contents de rien, hormis d'eux-mêmes. Ont-ils assez « tombé » Janin, sous prétexte que chez lui le mot cachait l'idée, ou plutôt que la pensée se noyait dans la phrase. On pourrait le comparer à ces beautés à la mode qui traînent à leur queue un kilomètre de satin, de rubans et de dentelles, sous des chapeaux qui sont des jardins de Babylone, sans parler du chignon et du corsage, qui sont plus ou moins des parures d'emprunt. La critique disait à Janin comme au peintre antique : « Ne pouvant la faire belle, tu l'as faite riche. »

Janin l'avait faite riche parce qu'elle était jolie.

II

Quel charmant entraîneur pour tous ceux qui s'aventuraient dans les lettres. Comme il leur donnait cordialement le coup de l'étrier ! Il semblait qu'il voulût les consoler par avance de tous les déboires futurs. Nous étions encore avec Théophile et Gérard dans la bohème du Doyenné, la mère-patrie de tous les bohèmes littéraires, quand je reçus un matin, à ma grande surprise, un hiéroglyphe de Jules Janin que nous lûmes en nous mettant à trois pour cette œuvre laborieuse. Il n'y avait que deux lignes, mais qui en valaient bien quatre.

Les voici, car je les ai gardées comme un parchemin de ma vingtième année. C'était à propos d'un roman oublié, à ce point que je l'ai oublié tout le premier, *la Péche-**resse*:

« *Vous avez fait un livre charmant dont je raffole; venez me voir si vous passez par là. J. J.* »

Je n'attendis pas au lendemain. C'était en son temps le plus radieux ; il habitait le rez-de-chaussée et le jardin d'un grand hôtel de la rue de Tournon. Et il habitait cela en grand seigneur, avec tous les raffinements de l'artiste. Déjà il avait commencé sa rarissime bibliothèque. C'était le bon temps : il n'y avait guère alors que Janin et Nodier pour se disputer les beaux livres. Lui qui descendait de sa mansarde, qui donc l'avait initié au luxe des fermiers généraux, du duc de La Vallière, de la reine Marie-Antoinette ? Car ses livres reposaient dans les plus belles bibliothèques en bois de rose du temps de Louis XIV. Tout le mobilier, d'ailleurs, était du même style. Pour achever l'illusion, il avait appendu dans le salon et dans le boudoir, sous d'anciennes tentures bleu de ciel, des portraits du dix-huitième siècle. J'avais vu jusque-là quelques intérieurs de gens de lettres illustrés par l'acajou à la mode. Je me crus dans une féerie, quoique dans notre bohème, avec Théophile et Gérard, nous eussions un salon Louis

XIV à nul autre pareil ; mais chez nous tout était un peu à la diable, tandis que chez Jules Janin c'était l'exquise perfection. Et quelle hospitalité ! Après m'avoir fait voyager dans sa bibliothèque, il me promena dans son jardin et me prouva que j'étais invité à dîner avec lui et ses amis.

Je ne rappelle ceci que pour montrer sa vie vers 1835. C'était une maison de Sybaris, mais avec une plume d'oie et une plume de fer, car il avait tous les luxes, hormis le luxe du temps perdu. Il faut bien dire que, si on l'eût condamné à ne rien faire, il n'eût pas été cet homme heureux dont il a si souvent parlé. Déjà prince des critiques, il le fut près d'un demi-siècle, toujours imprévu, toujours charmant, toujours inouï.

III

Dans cet hôtel de la rue de Tournon, il s'effraya de son luxe ; il eut peur de manger son fonds avant son revenu. Il sacrifia héroïquement ses plus belles choses, moins ses livres, pour aller se réfugier au septième ciel dans un appartement de la rue de Vaugirard, en face de la grille du Luxembourg, disant : « Ce sera là mon jardin. » La mansarde fut bien vite dorée. C'était tout petit, mais c'était charmant : l'oiseau bleu ne pouvait pas chanter dans une vilaine cage. Diaz, encore à moitié décorateur, quoique déjà le Diaz étincelant, vint peindre des roses et des arabesques sur les portes et sur les glaces. On n'en mangea pas moins dans la porcelaine de Saxe et dans la porcelaine de Chine. Jules Janin n'en perdit pas un sourire. Il était bien inspiré, car ce fut alors que cette jeune fille, dont quelques peintres ont éternisé la beauté dans ses radieux vingt ans, vint lui donner cette main loyale qui lui a toujours été si sûre et si douce. Son mariage fut un événement ; le contrat est étoilé de toutes les illustrations de ce temps-là, Thiers et Hugo en tête.

Une jeune fille comme toutes les autres eût dit à Jules Janin : « Je suis très fière de vous épouser, mais je ne veux pas monter dans cette mansarde. » Madame Jules Janin y monta et s'écria : *Le bonheur est ici.*

Pendant près de vingt ans, elle n'en voulut pas descendre, quoique son père lui eût offert ce joli petit château Louis XVI qui frappait l'œil de tous les artistes dans la grande rue de Passy, au milieu d'un océan de verdure. Ce ne fut que vers 1858 que Janin se décida à vivre dans un coin des jardins de la Muette. Il bâtit lui-même sa maison, comme l'oiseau fait son nid, ne s'inquiétant que de la chambre de sa femme et de la chambre de ses livres.

A l'extérieur, c'est un chalet couronné de beaux arbres, de vertes pelouses, de parterres hollandais, de bosquets ombreux où, l'été, Janin donnait des audiences. L'intérieur tient plus du *palazzo* vénitien que du chalet suisse. Au rez-de-chaussée, une jolie salle à manger d'été, décorée d'appliques de faïence aux couleurs vives et gaies, avec une cheminée Renaissance. Une porte souvent entr'ouverte laisse voir une cuisine à la flamande d'où les carreaux rouges et les casseroles renvoient des reflets de pourpre et d'or. On monte au premier étage par un escalier dont les parois sont couvertes de gravures rares. On entre dans une grande pièce, à la fois salon, cabinet de travail et bibliothèque, éclairée par quatre grandes fenêtres à vitraux jaunes et rouges. Ce salon, qui est contigu à la salle à manger, n'en est séparé que par une grande glace sans tain. Aux quatre coins du salon, quatre immenses bibliothèques de chêne sculpté où se pressent en rengées multicolores les plus beaux livres du monde : Incunables, Aldes, Estiennes, Elzévirs, livres à figures, éditions originales des classiques du dix-septième et du dix-huitième siècles, livres modernes en papiers extraordinaires, avec dédicaces curieuses. Au-dessus de la cheminée en marbre blanc, supportant une belle pendule Louis XVI, sourit l'admirable pastel de madame Janin. Devant une fenêtre, sur un socle en forme de colonne, le buste en marbre de Janin. Devant la glace une table énorme surchargée de livres. Tout à côté, le bureau princier du maître avec les papiers et l'encrier encore plein d'encre bleue! A droite et à gauche de la cheminée deux rangées de fauteuils hospitaliers : Ah! s'ils pouvaient parler comme le sofa de Crébillon!

C'est là que Jules Janin a passé les quinze dernières années de sa vie; c'est là qu'il a écrit sa traduction d'*Horace*, son *Neveu de Rameau*, son *Livre*, ses feuilletons des *Débats*, ses derniers romans; c'est là qu'il a reçu tout ce que la France compte d'illustrations dans les lettres, dans les sciences, dans les arts. C'est là, pourrait-on dire, qu'il a été nommé à l'Académie française, car Janin a reçu plus de visites académiques qu'il n'en a fait.

Et c'est là, entouré de tout ce bonheur et de toute cette gloire, que nous l'entendions dire, il n'y a pas longtemps : « Je suis un grand écrivain ; je suis célèbre; je suis de l'Académie : eh bien ! je donnerais tout cela pour pouvoir faire seul le tour de ma chambre. »

IV

Le feuilleton du lundi, ce n'était qu'un jeu pour lui. Comme Boufflers écrivant la *Reine de Golconde*, il disait : « Ce n'est pas moi qui conduis ma plume, c'est ma plume qui conduit ma main. » C'était une telle habitude que demain lundi, le jour de ses funérailles, quand j'ouvrirai le *Journal des Débats*, je serai surpris de ne pas y trouver les deux magiques lettres J. J.

On se demandait le dimanche quel serait le feu d'artifice du lundi.

C'était bien mieux qu'un feu d'artifice, car la lumière était plus vive après le bouquet. On s'en revenait de son feuilleton reconforté par la raison armée d'esprit.

Il était l'initiateur par excellence ; il ne s'est pas trompé une seule fois sur l'or pur et sur la fausse monnaie des renommées contemporaines.

Qui donc a mieux peint Lamartine, Thiers, Hugo, Ingres, Delacroix, Balzac, Dumas Ier et Dumas II, Sacy, Pradier, Quinet, Vigny, Decamps ? Qui donc a salué le premier Dorval, Frédérick et Rachel ? Qui donc, Musset, Sandeau, Ponsard, Augier, Feuillet et tous ceux que ma plume oublie ? M. Camille Doucet, qui lui a si doctement et si spirituellement répondu à l'Académie, a été bien inspiré en lui disant : « Tout le monde a fait avec vous ce beau voyage dans le passé d'hier et assisté du fond de votre loge à la représentation, à la reprise de ces vingt années de la vie parisienne, de ses spectacles, de ses plaisirs, de ses triomphes et de ses joies ; de ses défaites aussi et de ses larmes. Si les feuilletons de Sainte-Beuve sont des archives, les vôtres sont des mémoires, les mémoires de votre vie et de votre temps. *

Sa belle gaieté, qui réjouissait le cœur, ne l'empêchait pas de jeter un mot profond. Il avait beau s'aventurer dans toutes les bonnes fortunes du style, il ne risquait pas les droits de la vérité. S'il prenait le *chemin de traverse*, ce n'était pas seulement par horreur de la grande route, c'était pour arriver plus vite à travers toutes les belles aventures de l'imprévu.

---

* Ailleurs, M. Camille Doucet parle du musée des lundis. C'est un mot trouvé. En effet, combien de tableaux et de portraits dans ce musée charmant !

Le feuilleton de Janin n'est que la moitié de son œuvre. Il avait débuté comme romancier par un livre qui survivra : l'Ane mort et la Femme guillotinée, chef-d'œuvre étrange, qui est à la fois l'âme et la raillerie de la littérature romantique. Quand Nisard, son ami, fit une révolution en s'indignant avec tant d'atticisme contre la littérature facile, Janin, qui la défendit si bien, ne lui avait-il pas déjà donné le coup mortel?

Je dirai un jour toute la vie laborieuse et féconde de ce charmant esprit, de ce cœur d'or, de cet homme qui fut un homme. Il est si vivant encore que je ne puis m'imaginer que ce beau sourire se soit évanoui hier pour l'éternité. C'est un premier adieu que je lui dis avec le déchirement d'une amitié qui s'en va. Mais le dernier adieu, je ne veux jamais le lui dire :

Pour ceux qui les aimaient, les morts vivent toujours.

Selon une épigraphe de l'Anthologie, Platon disait en mourant : « Mon âme sera libre de courir dans la rosée avec les cigales babillardes. » Ne pourrait-on pas écrire ainsi dans l'Anthologie française l'épitaphe de Jules Janin : « Ci-gît un rayon dans la rosée où jouent les cigales babillardes? »

Janin dit dans un de ses livres : « Je taillais les hautes futaies de ma fenêtre en lisant quelque chef-d'œuvre des anciens jours. » Tout Janin est là, il cueillait l'heure présente tout en s'égarant dans l'heure passée.

Les hautes futaies et les livres sont aujourd'hui dans

cette maison d'Horace où il avait donné l'hospitalité à Ponsard. Madame Jules Janin sera leur sauvegarde ; elle vivra dans cette religion des souvenirs éplorés et consolants. Mais qui nous rendra cette âme et cet esprit !

Le lundi sera longtemps un jour de deuil pour ceux qui ont aimé le prince des critiques, les *Causeries* de Sainte-Beuve et le feuilleton-tableau de Théophile Gautier. Mais ils diront que le vrai miracle du lundi, c'était Jules Janin.

ARSÈNE HOUSSAYE.

Ce profil de Jules Janin a paru dans *le Gaulois* le lendemain de la mort de ce prince de l'esprit que M. Cuvillier-Fleury, parlant si éloquemment au nom de l'Académie, a appelé le roi des critiques.

PARIS
De l'Imprimerie Alcan-Lévy, 61, rue de Lafayette.

www.ingramcontent.com/pod-product-compliance
Lightning Source LLC
LaVergne TN
LVHW022122080426
835511LV00007B/976